Cleber Galhardi

SOPA DE LETRINHAS

Orações para as crianças

Olá, tudo bem?

Você já percebeu que um livro é feito de um montão de palavras?
Se não percebeu, dê uma olhadinha e verá que um livro é uma
verdadeira sopa de palavras, o que é muito legal.
E as palavras, são feitas de quê?
Na verdade, as palavras são uma sopa de letrinhas. Quando juntamos as
letras, temos uma palavra. Quando juntamos as palavras, temos um livro.
Isso mostra que a união é muito importante para nossa vida.
E, por falar em união, temos algo muito especial para nos unir a Deus, aos
anjos guardiões e a tudo de bom que existe: a prece. Com ela, nos
ligamos ao Criador da vida e a seus mensageiros do bem.
Neste livrinho do Tio Cleber, vamos conhecer as letrinhas e também fazer preces juntos.
Então, vamos lá! Boa leitura, bom aprendizado e muitas preces para você.

Euclides Pereira Junior
Palestrante e colaborador do Instituto Beneficente Boa Nova

A letra A é a primeira do alfabeto. Com ela aprendemos palavras como "amor", "alegria", "anjo guardião", "aceitação", "acordar", "andar", "abraçar".

Vamos orar

Querido anjo guardião
Como é bom todo dia cedo acordar
Agradecer a Deus com alegria
Por ter uma família para abraçar

Abençoe todas as crianças
Dê a elas o alimento do corpo e da alma
E para aqueles que quase nada têm
Dê muita, mas muita... esperança!

É maravilhoso ter amigos
Andar de bicicleta e poder brincar
Prometo que além da diversão
Reservarei tempo para estudar

Assim seja

"Bom", "belo", "bebê", "brincar", "brigadeiro" têm no início a letra "b". Tem também um médico muito bom chamado "Bezerra de Menezes", com um nome que começa com "B".

Vamos orar

Querido Deus
Ajude-me a praticar a caridade
É muito bom ser do bem
Ajudar aqueles que precisam
Dar algo a quem não tem

Sei que é melhor dar que receber
Fazer sorrir aqueles que precisam
E, por favor, não me deixe esquecer
De praticar caridade também comigo

Assim seja

Vamos olhar uma nova amiga chamada "c". Escrevemos "caridade", "camelo", "cansado", "coragem", "correr". É possível escrever "Chico Xavier", se você desejar.

Vamos orar

*Senhor Jesus
Que eu tenha coragem
De fazer muitas coisas boas
Quero aprender sempre algo novo
E evitar ficar à toa*

*Não quero reclamar de tudo
Nem dizer que estou cansado
Sempre que surgir um desafio
Que eu não fique emburrado*

*Vou aprender minhas lições
E buscar estar sempre alegre
Que eu resolva minhas dificuldades
Sem esperar um milagre*

Assim seja

Olha que letra simpática. Com ela inicia-se a palavra "Deus", além de muitas outras, como "dádiva", "dor", "desejo", "dia", "dançar". Estamos agora falando da letra "d".

Vamos orar

Deus
A vida é um presente
Desejo todo dia agradecer
São tantas coisas para falar
Que dá medo de esquecer

Papai, mamãe, tios e tias
Primos, avós e amiguinhos
E não posso deixar de agradecer
O meu lindo cachorrinho

Olho admirado a natureza
Todo dia pela janela
Obrigado, querido Deus
Porque sou parte dela

Assim seja

Chegou a vez da letra "e". Nossa querida amiga nos ajuda a escrever "escola", "educar", "espírito", "espiritual", "energia".

Vamos orar

Meu Espírito Protetor
Quando for para a escola
Guie os meus passos
Entre amigos e mestres
Que eu crie muitos laços

Faça com que o aprendizado
Seja sempre uma alegria
Onde encontrar dificuldade
Senhor, me dê sabedoria

Abençoe os professores
E todos os educadores
São anjos que ensinam
E nos poupam muitas dores

Assim seja

A amiga que vamos conhecer agora é a letra da "felicidade", do "fazer", da "família", da "fada", da "fala". Estamos conhecendo a letra "f".

Vamos orar

Meu querido Deus,
Que eu aprenda a alegria de fazer sempre algo
Todos os dias, que entenda a beleza de realizar
Seja um gesto simples que ajude os necessitados
Seja algo lindo que me ensine como é bom amar

Quero crescer construindo a felicidade
Sem perder o respeito nem a liberdade
De fazer desse mundo um lugar mais feliz
De ser gente grande com capacidade

Assim seja

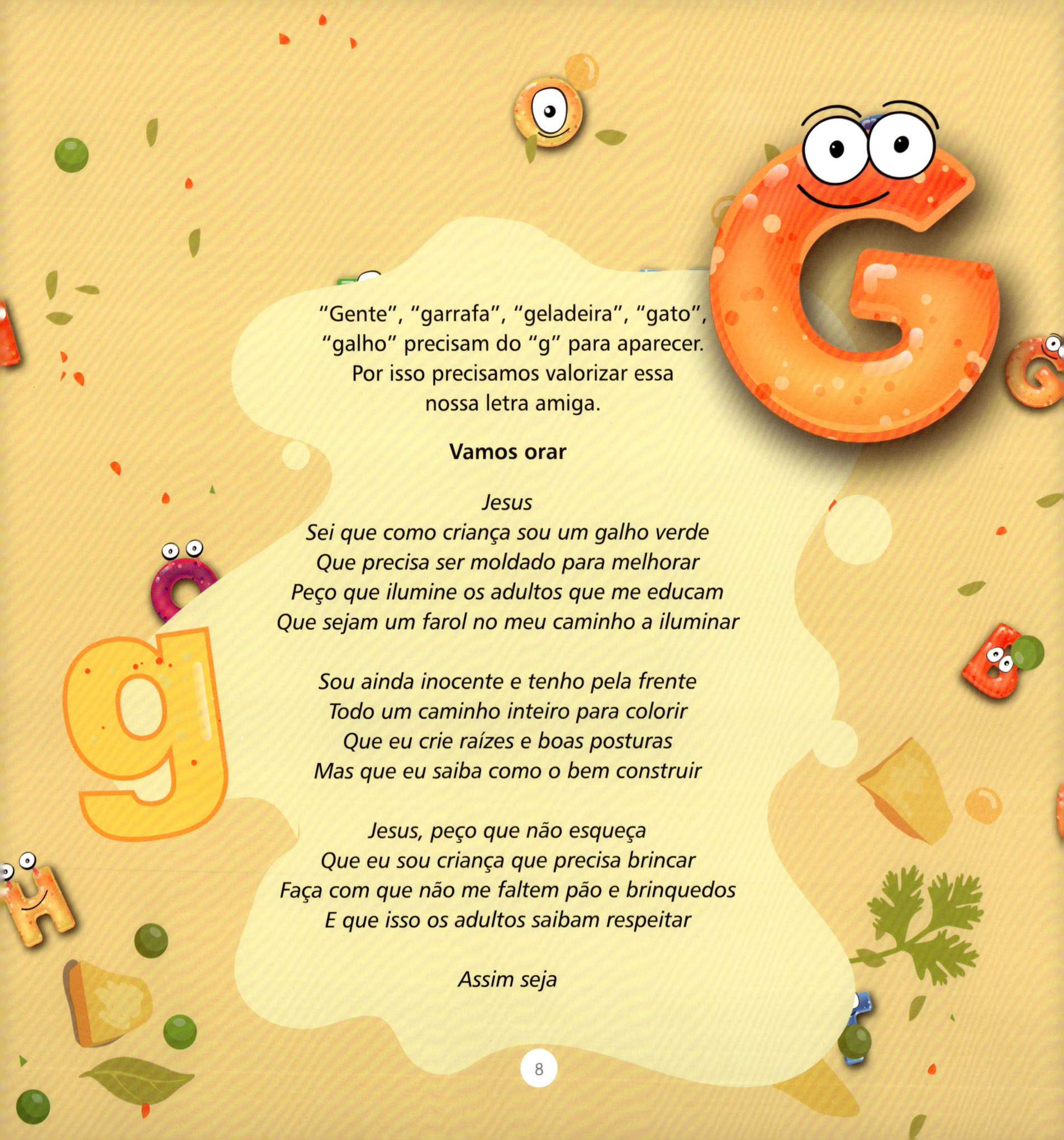

"Gente", "garrafa", "geladeira", "gato", "galho" precisam do "g" para aparecer. Por isso precisamos valorizar essa nossa letra amiga.

Vamos orar

Jesus
Sei que como criança sou um galho verde
Que precisa ser moldado para melhorar
Peço que ilumine os adultos que me educam
Que sejam um farol no meu caminho a iluminar

Sou ainda inocente e tenho pela frente
Todo um caminho inteiro para colorir
Que eu crie raízes e boas posturas
Mas que eu saiba como o bem construir

Jesus, peço que não esqueça
Que eu sou criança que precisa brincar
Faça com que não me faltem pão e brinquedos
E que isso os adultos saibam respeitar

Assim seja

Oitava letra do alfabeto, "h" é a letra
de "homem", "habilidade", "habitar",
"harmonia", "hebreu", "honesto".

Vamos orar

*Pai nosso que estais no Céu
Santificada seja minha história
Venha a nós o reino do bem
Que possamos ser dignos de glória*

*Seja feita a vontade de Deus
Na terra ou em qualquer lugar
Venha a nós uma linda caminhada
Em qualquer canto que eu habitar*

*O pão nosso de cada dia nos dai sempre
E que tenha também o pão da alma
Que alimenta aqueles que ofendem
Através do perdão que traz a calma*

*E não nos deixeis cair em tentação
De deixar que os bens da terra
Sejam mais importantes que os dos Céus
Porque o reino interior jamais erra*

Assim seja

I agora, ops!, perdoe o erro.
Vamos começar novamente.
E agora temos orgulho de olhar palavras
começadas com "i": "ímã", "irmão",
"irmã", "igreja", "início".

Vamos orar

Meu Deus!
Quando o Senhor criou o mundo
Tenho certeza de que estava feliz
Fez o céu e fez a terra
Também árvores com raiz

Fez os bichos e fez as aves
As batidas do coração
Criou irmãs e irmãos
Tudo traz muita emoção

Tenho certeza de que desde o início
Em tudo deu valor
Obrigado, Deus querido
Que faz tudo com amor!

Assim seja

Essa letra parece um anzol de pesca ou um gancho. Ela faz uma curva no pé quando se escreve "janeiro", "jabuticaba", "jabuti", "jacaré". O nome mais especial que ela ajuda a escrever é "Jesus".

Vamos orar

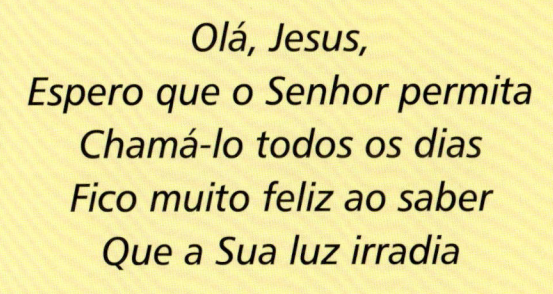

Olá, Jesus,
Espero que o Senhor permita
Chamá-lo todos os dias
Fico muito feliz ao saber
Que a Sua luz irradia

Agradeço, meu Amigo
Por amar todos nós
Pequenos aprendizes
Cascas que guardam noz

Um dia todos seremos
Evoluídos como o Senhor
Saberemos plantar semente
Ensinar viver sem dor

Obrigado, meu Jesus
Irmão que ensina o amor
Que ao ouvirmos o seu nome
Saibamos dar o devido valor

Assim seja

"K" não é pesada, mas ajuda a escrever "kg" que é símbolo de "quilograma". Outra coisa que ela faz é ser símbolo de "quilômetro"; nesse caso, escrevemos "km".

Vamos Orar

Anjo guardião
Por enquanto sou pequeno
Ainda vou crescer
E quando chegar a hora
De ler e aprender

Esteja sempre comigo
Na tristeza ou na alegria
Ajude-me a ser grande
E melhorar a cada dia

Não peço vida mole
Nem dificuldade
Mas tudo que aparecer
Que não seja maldade

Quando tiver uma família
Esteja amigo do meu lado
Para que os meus se sintam
Amados como sou amado

Assim seja

Agora você está "lendo" essa frase e utilizando mais uma "letra" do alfabeto, que é a "l". Vamos conhecer algumas palavras que ela ajuda a construir: "lei", "leitura", "laranja", "limão", "lábio", "lágrima".

Vamos Orar

Meu Deus
Algumas vezes fico como o limão
Mal-humorado, zangado e azedo
Minha família e meus amigos
Afastam-se de mim com medo

Se eu ficar assim, faça-me mudar
Por isso, peço ajuda, Papai do Céu
Em vez de me sentir como limão
Que fique laranja doce como mel

E toda vez que sentir raiva
Quero aprender a me controlar
Falar tudo o que estou sentindo
Conversando sem brigar

Assim seja

Minha amiga "m" é muito legal.
Sabe aumentar tudo quando escreve
"maior". Também escreve "melhor",
"Maria", "melancia", "macaco".

Vamos orar

Maria, Mãe de Jesus
Quando olho para as estrelas
Sei que a Senhora é uma delas
Está sempre cuidando de nós
Faz a vida ficar mais bela

Estamos todos sob seu manto
Pois sabemos que ora por nós
Intercede pela humanidade
É no céu a nossa maior voz

Temos saudades de Jesus
Que abençoava as crianças
Temos vontade de crescer
E renovar a esperança

De ver o mundo cristão
E agradecer mamãe Maria
Que nos deu o melhor dos filhos
A Estrela que amor irradia.

Assim seja

"Nossa", que alegria! "Novo", "não"... "Nenhum" alfabeto pode existir sem a querida letra "n". Vamos escrever "nação", "nada" "nariz", "norte"?

Vamos orar

Senhor Jesus
Quanto mais eu vou crescendo
Mais coisas tem para escolher
Ajude-me a ter sempre serenidade
Para jamais o bem esquecer

Quero sempre isto ou aquilo
Um bolo, um doce, uma fruta
Prefiro escolher o mais saudável
Quem não come verduras é biruta

Sei que outras coisas virão
Que será necessário ter opinião
Quando algo não for bom
Faça que eu saiba dizer não

Assim seja

"Olha" mais uma letra, e como é bonita!
Parece uma bola ou o número zero.
Encontramos muitas palavras com ela.
Vejamos alguns exemplos: "ontem",
"ovo", "olho", "obedecer", "objeto".

Vamos orar

*Meu anjo da guarda
Sei que às vezes fico furioso
Quando chamam minha atenção
Sinto raiva e enlouqueço
Toda vez que recebo um não*

*Ontem chovia e o sol não saiu
Fiquei irritado dentro de casa
Parecia um pássaro preso
Que sabia voar e não tinha asa*

*Nem tudo sai como eu quero
Isso para mim é um estudo
Quando for contrariado de novo
Sei que não sou o dono do mundo*

Assim seja

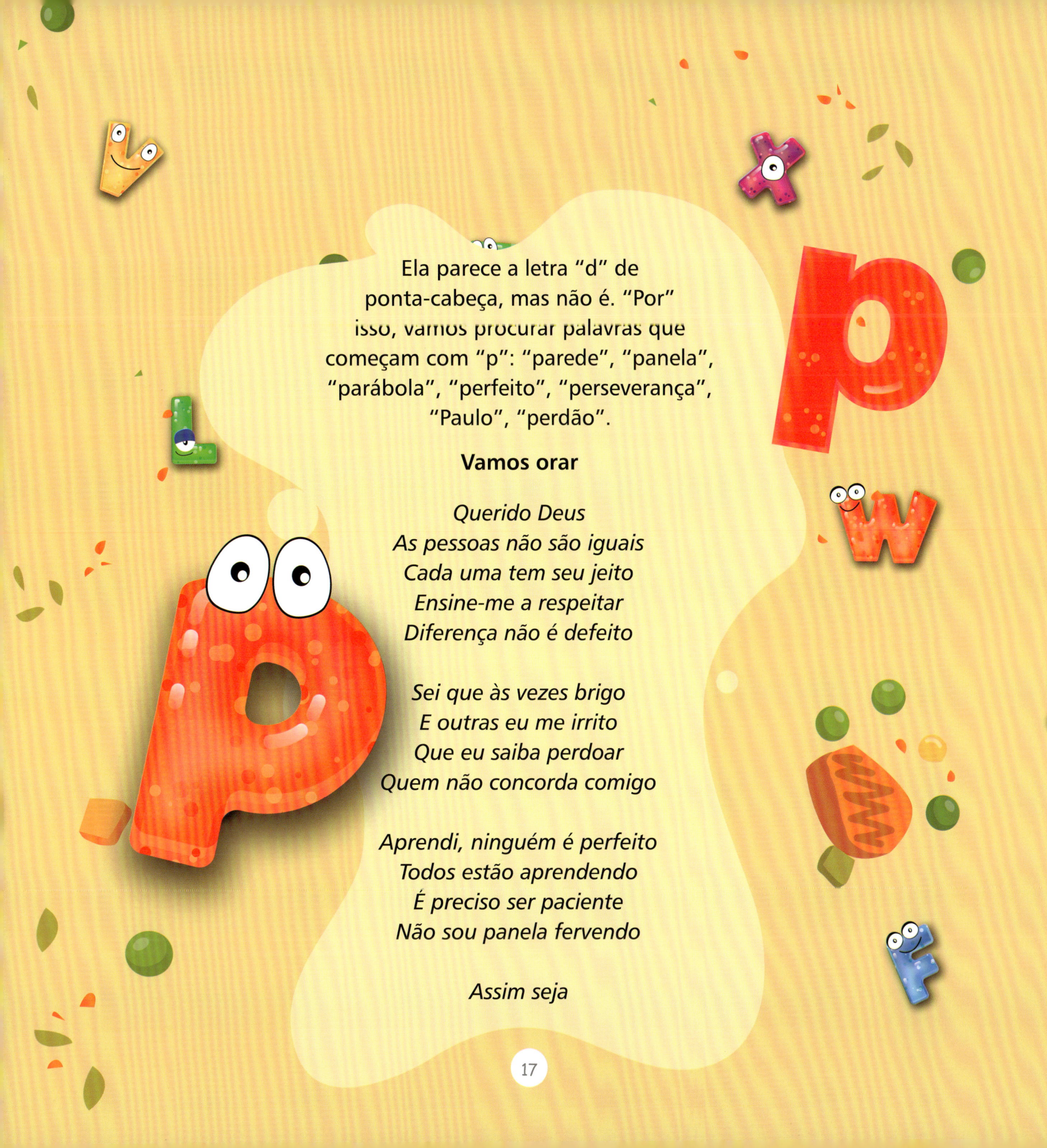

Ela parece a letra "d" de
ponta-cabeça, mas não é. "Por"
isso, vamos procurar palavras que
começam com "p": "parede", "panela",
"parábola", "perfeito", "perseverança",
"Paulo", "perdão".

Vamos orar

*Querido Deus
As pessoas não são iguais
Cada uma tem seu jeito
Ensine-me a respeitar
Diferença não é defeito*

*Sei que às vezes brigo
E outras eu me irrito
Que eu saiba perdoar
Quem não concorda comigo*

*Aprendi, ninguém é perfeito
Todos estão aprendendo
É preciso ser paciente
Não sou panela fervendo*

Assim seja

"Quanta" beleza existe em um alfabeto. Tem letra comprida, letra que parece um palito, outras redondas que nos lembram do mundo. Esse é o caso da letra "q", que nos ensina a escrever "quadro", "quadrado", "queimada", "querer".

Vamos orar

Meu Jesus
Quando eu for dormir
Vamos fazer assim
Deixe um anjo comigo
E outro no jardim

Um cuida das flores
Outro cuida de mim
Os dois exalam perfume
Com cheiro de jasmim

E quando eu acordar
Faço uma prece aos dois
Obrigado pela noite linda
Espero encontrá-los depois

Assim seja

Chegou a hora de procurar palavras com a letra "r". Você já percebeu que, quando maiúscula, ela parece um "P" com uma perna? Que tal estas palavras: "rei", "rio", "rato", "rainha", "rádio"?

Vamos orar

*Meu anjo guardião
O rio segue em frente
Pra trás nunca retorna
O mesmo acontece também
Com as nossas palavras*

*Depois que saem da boca
Voam como uma folha
Antes de sair de mim
Posso ser uma bolha*

*Não quero ver estourar
A bolha da proteção
Palavras ditas sem pensar
Podem ferir o coração*

*Palavras também podem
Construir uma amizade
Elogio quando sincero
É luz que o peito invade*

Assim seja

O alfabeto é muito interessante. As letras são lindas e cada uma possui um detalhe que as deixa ainda mais bonitas. O "s" é uma delas. Ele nos ajuda a escrever "sim", "sabedoria", "sopa", "semana".

Vamos orar

*Senhor Jesus
Tem algo que me intriga
Acho isso muito estranho
Por que todos os dias
Tenho que tomar banho?*

*Às vezes a água é gelada
Em outras está quente
Parece até aquela
Que dá dor no dente*

*Jesus, meu amigo
Obrigado pela água
Pelo banho todo dia
É bom e não faz nada*

*Quero ficar limpinho
E muito perfumado
O banho é alegria
Que me deixa animado*

Assim seja

"Tá" bom, vamos continuar. Ops, não é "tá bom". O certo é "está bom", não é mesmo? Desculpe meu erro. O "t" é uma letra bonita, não acha? E nos ajuda a escrever "trabalho", que é uma das coisas mais importantes da vida. Trabalho é toda ação útil, portanto, estudar, aprender, brincar são formas de trabalho.

Vamos orar

Bondoso Deus
Adoro quando posso brincar
Gosto muito de aprender
Ensine-me que é importante
O trabalho para viver

Jesus, o amigo de sempre
Trabalhou junto ao Pai
Ensinou que tempo perdido
Infelizmente não volta jamais

Assim seja

Um, dois, três, quatro. Contar é muito legal. Posso contar as horas do dia, os minutos e os segundos também. Depois de trezentos e sessenta e cinco dias, chega o meu aniversário. Conto o número de estrelas no céu. Hum! É... Isso não tem jeito, são muitas estrelas, não é? Mas não vamos esquecer que nossa contagem começa com o número "um", que começa com a letra "u".

Vamos orar

Jesus! Um dia vou crescer
Como o senhor também cresceu
Virou adulto amigo caridoso
Com amor todos envolveu

Faça de mim seu amigo
Que eu saiba fugir do perigo
Do egoísmo e da maldade
Para ter uma vida de caridade

Um dia serei o adulto
Capaz de construir
Um mundo mais humano
E ter o dom de servir

Assim seja

Existe uma frase conhecida que diz assim: "Tudo que vai, volta". Essa frase tem duas letras "v". Não é legal? E ensina que recebemos da vida tudo aquilo que damos. Então, vamos aprender a dar algo de bom para as pessoas? Não precisa ser dinheiro. Dê um sorriso, diga um bom-dia com alegria para alguém. Vamos tentar?

Vamos orar

Meu Deus
Vai um dia, vem o outro
Vejo o sol e vejo a lua
Como é bom saber
Que sou criação Sua

Junto com a natureza
Quero crescer com beleza
Viver sempre no seu amor
E fugir de toda tristeza

Sou filho do Criador
Amigo de nosso Senhor
Faço o bem com alegria
E vivo todo o seu Amor

Assim seja

Você não está vendo um "M" de ponta-cabeça? Essa é a letra "W". Ela nos ajuda com várias palavras. Que tal conhecer algumas? Então vamos lá: "webcam", "waffle", "Wagner". Essa é mais uma amiga que sempre encontraremos nas palavras.

Vamos orar

*Senhor Jesus
Quero fazer um pedido
Muito, mas muito especial
Cuide de todas as crianças
Afaste de todas o mal*

*Criança é a alegria do mundo
Que brinca, canta e dança
São elas os anjos de Deus
São elas a maior esperança*

*De um mundo sempre melhor
Alegre, feliz, cheio de amor
Cada criança é um botão
No canteiro do Criador*

Assim seja!

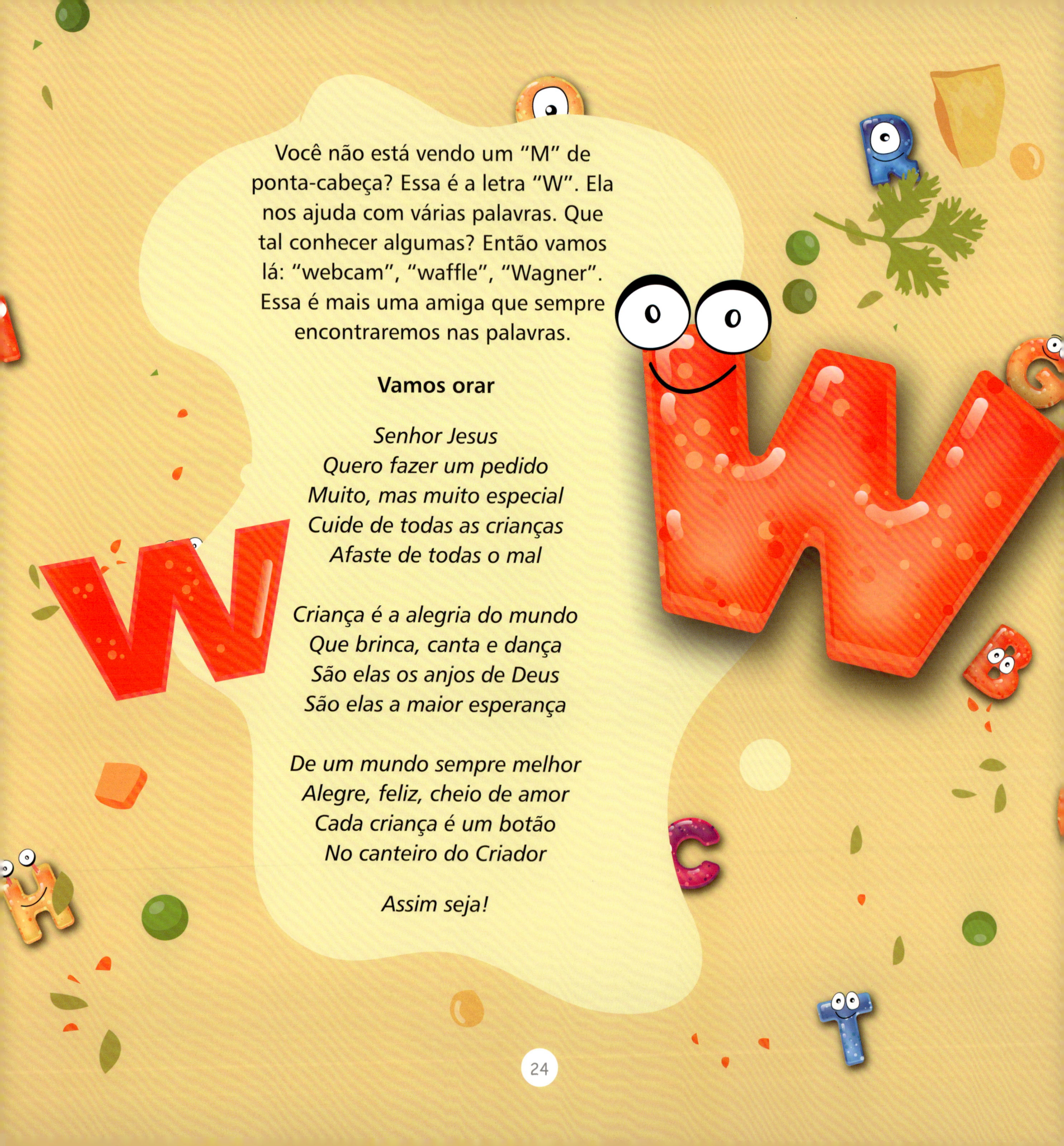

Agora vamos conhecer a letra "x". Ela é bem interessante, parece um banquinho que não tem assento. Tem uma coisa que começa com a letra "x" que muito nos ajuda. Cof, cof". Opa! Acho que estou com tosse, melhor pedir para alguém me servir um "xarope".

Vamos orar

Obrigado, meu Deus
Pela saúde que tenho
Santifico o seu nome
Obrigado pelo alimento
Que sacia minha fome

Quero ter sempre saúde
Mas conto com remédios
E com todos os alimentos
Para ficar sempre sadio

Assim seja

Olha que letra interessante. Com ela no início existem lindos nomes. Que tal "Yuri"? Ou "Yolanda"? Graças a essa letra temos a chance de conhecer nomes belíssimos, você não acha? Existe também um molho delicioso, chamado shoyo. Você conhece? Que contém a letra "y".

Vamos orar

Senhor Jesus
O Senhor ensinava as pessoas
Em meio à mãe natureza
Falava do campo e das flores
E de toda sua beleza

Faça de mim um amigo
De tudo o que Deus criou
Que eu valorize a natureza
Como o Senhor valorizou

Todos os rios e florestas
São criações do Divino
Eu também sou uma delas
Canto isso como um hino

Assim seja

Chegou a hora de apresentar a letra "z". Começamos a contar a partir do "zero". Ou também podemos começar com o número um, não tem problema. Quantos dias tem um ano? Quantos minutos tem uma hora? É importante saber, mas também é muito importante aproveitar o tempo.

Vamos orar

Deus,
Quero olhar o tempo
Como um bom amigo
Aproveitar os dias
E tê-Lo sempre comigo

O Senhor nunca abandona
Os seus filhos queridos
E como sou um deles
Do Senhor nunca desligo

Obrigado, meu Deus
Pai sempre amoroso
Todas as horas da vida
Lembrarei meu Pai bondoso

Assim seja

2ª edição
Do 5º ao 10º milheiro
5.000 exemplares
Julho/2024

© 2020-2024 by Boa Nova Editora.

Capa e Ilustrações
Rafael Sanches

Diagramação
Juliana Mollinari

Revisão
Alessandra Miranda de Sá

Assistente Editorial
Ana Maria Rael Gambarini

Coordenação Editorial
Ronaldo A. Sperdutti

Impressão
Gráfica Santa Marta

O produto da venda desta obra é destinado à manutenção das atividades assistenciais da Sociedade Espírita Boa Nova, de Catanduva, SP.

1ª edição: Dezembro de 2020 – 5.000 exemplares

Dados Internacionais de Catalogação na Publicação (CIP)
(Câmara Brasileira do Livro, SP, Brasil)

Galhardi, Cleber
    Sopa de letrinhas : orações para as crianças /
Cleber Galhardi. -- 1. ed. -- Catanduva, SP :
Instituto Beneficente Boa Nova, 2020.

    ISBN 978-65-86374-06-3

    1. Espiritismo - Literatura infantojuvenil
2. Literatura infantojuvenil 3. Orações - Literatura
infantojuvenil I. Título.

20-49858   CDD-028.5

Índices para catálogo sistemático:

1. Orações : Literatura infantil   028.5
2. Orações : Literatura infantojuvenil   028.5

Maria Alice Ferreira - Bibliotecária - CRB-8/7964

Instituto Beneficente Boa Nova
Entidade coligada à Sociedade Espírita Boa Nova
Av. Porto Ferreira, 1.031 | Parque Iracema
Catanduva/SP | CEP 15809-020
www.boanova.net | boanova@boanova.net
Fone: (17) 3531-4444